GUIDE DU TOURISTE

ET DE L'ARCHÉOLOGUE

AU

PONT-DE-L'ARCHE

SE VEND AU PROFIT DE LA RESTAURATION DE L'ÉGLISE

Prix : 1 franc

Guide du Touriste

et de l'Archéologue

au

PONT-DE-L'ARCHE

Prix : 1 fr.

PREMIÈRE PARTIE

SITUATION. — HISTOIRE GÉNÉRALE
ANCIENS COUVENTS. — COMMERCE, INDUSTRIE
PONT, CHATEAU, ÉCLUSE
FORTIFICATIONS DE LA VILLE, VIEILLES RUES
PRISON, HALLE, BUSTE DE LANGLOIS

SITUATION

Située sur la rive gauche de la Seine, la petite ville du Pont-de-l'Arche occupe un des plus beaux sites de la vallée et se présente gracieuse et pittoresque.

Au premier plan, une longue file de maisons irrégulièrement construites longent le fleuve, adossées aux anciens remparts que surmontent de vieilles tours démantelées. Çà et là quelques touffes de verdure contrastent gaiement avec la masse de l'église, qui découpe sa silhouette hardie sur l'azur du ciel.

A droite, sur les bords du fleuve, on aperçoit les ruines de l'Abbaye de Bon-Port ; à gauche, le petit village des Damps avec ses coquettes villas, et en arrière, dominant le tableau, l'épaisse forêt de Bord, aux arbres séculaires.

Michelet a dépeint en termes poétiques les beautés naturelles que le voyageur peut contempler ou deviner en faisant halte sur le pont : « C'est là, dit-il, entre le « Pont-de-l'Arche et Rouen, qu'il faut la voir, la belle « rivière (la Seine), comme elle s'égare dans ses îles in- « nombrables, encadrées au soleil couchant dans des « flots d'or. »

HISTOIRE GÉNÉRALE

On pense qu'un établissement gallo-romain a existé sur la rive gauche de la Seine, entre les Damps et Bon-Port; les débris qu'on y a trouvés donnent lieu de le croire. Plusieurs historiens ont même été jusqu'à prétendre que le Pont-de-l'Arche s'élevait sur les ruines de la station romaine désignée dans l'*Itinéraire* d'Antonin sous le nom d'Uggade. Il est aujourd'hui prouvé que le véritable emplacement d'Uggade est Caudebec-lès-Elbeuf.

Ce n'est qu'au IXe siècle, alors que les Normands remontant le cours des fleuves sur leurs barques répandaient partout la terreur et la mort, que la ville du Pont-de-l'Arche prit naissance.

Charles le Chauve convoqua en 862, en son palais de Pitres, les grands de l'Empire, et dans cette assemblée mémorable fut décrétée la construction d'un pont destiné à mettre obstacle aux incursions des Normands. L'endroit choisi était celui où la marée cesse de se faire sentir. Un pont crénelé, flanqué de tours, garni de herses pour fermer les arches et défendu à chaque extrémité par deux châteaux forts, fut établi sur un enrochement assez élevé pour qu'il en résultât une chute d'eau. Mais cette digue ne put arrêter les Normands qui, portant à bras leurs légères embarcations, passèrent à côté du fort. Pour éviter pareille surprise, on construisit une longue chaussée crénelée et percée de plus de trente petits ponts, reliant le château à la colline du côté de Rouen.

L'ensemble de ces ouvrages forma une véritable forteresse d'où la ville tira peut-être son nom : *Pons Arcis, Pont de la citadelle* (1).

En 1190, eut lieu, aux portes de la ville, l'érection de l'Abbaye de Bon-Port, de l'ordre de Cîteaux, par Richard Cœur de Lion.

Dix ans plus tard, ce prince céda le Pont-de-l'Arche à l'Abbaye de Jumièges, à titre d'échange, et conserva seulement la forteresse.

Son successeur, Jean sans Terre, n'ayant pu défendre celle-ci contre Philippe-Auguste, voulut la faire démanteler ; il n'eut pas le temps de mettre son projet à exécution.

En 1211, Philippe-Auguste reprenait le Pont-de-l'Arche et donnait Conteville en échange à l'Abbaye de Jumièges. Les religieux conservaient le patronage et le roi le plaid de l'épée.

Au début du XIVe siècle, lors de la destruction de l'Ordre des Templiers, l'archevêque Bernard de Fargis nonce du pape Clément V, réunit au Pont-de-l'Arche un concile, qui condamna à mort les Templiers de la contrée et décida que leurs biens seraient dévolus à l'ordre de Saint-Jean de Jérusalem.

---

(1) On a indiqué une autre étymologie : « Pont des arches. » Toutes deux reposent sur de très anciennes chartes. Il nous paraît difficile de bien motiver une préférence.

Le Pont-de-l'Arche à la fin du XVIIIe siècle.
Fac-similé d'un dessin de Garneray, extrait des *Antiquités nationales* de Millin.

Mais c'est surtout pendant la guerre de Cent Ans que le Pont-de-l'Arche joua un rôle considérable.

Édouard III, roi d'Angleterre, s'en empara en 1346 et y porta l'incendie. Les habitants réparèrent ce désastre, puis ils retombèrent, en 1359, au pouvoir de l'Angleterre, par suite du traité signé à Londres par le roi Jean captif.

Toutefois, après le traité de Brétigny (1360) le Pont-de-l'Arche, redevenu français, eut l'honneur de recevoir dans ses murs Bertrand du Guesclin, qui y passa en revue son armée et en partit pour aller vaincre à Cocherel (1364).

Dans le siècle suivant, Henri V, roi d'Angleterre, s'empara de cette place importante, après un siège de trois semaines (1418). Les Anglais s'y maintinrent jusqu'en 1449. A cette date, la ville fut reprise pour le compte du roi de France, par Robert de Floques.

Depuis cette époque, nos querelles intestines, sous Louis XI et Henri IV, ramenèrent plusieurs fois la guerre dans nos contrées; l'étranger n'y devait reparaître qu'en 1870.

Les guerres religieuses approchaient. Le gouvernement se saisit de cette ville. Les protestants de Rouen, l'assiégèrent vainement en 1562. Elle entra plus tard dans le parti de la Ligue et fut la première qui se soumit à Henri IV (1589).

En reconnaissance de cette soumission, le roi accorda à la ville le droit d'enrichir ses armoiries de trois fleurs de lys d'or (1).

---

(1) ARMOIRIES. — M. Canel, dans son *Armorial des villes et corpo-*

Henri IV séjourna plusieurs fois dans la ville; en 1592, il en avait fait son quartier général pendant le siège de Rouen. Il appréciait tellement l'importance stratégique de cette position, que, en 1598, les États de Normandie le supplièrent vainement de faire démolir le château.

Pendant la Fronde, le Pont-de-l'Arche, d'abord occupé, au nom de la Cour, par le duc d'Harcourt, fut donné comme place de sûreté au comte de Longueville, qui s'empressa de mettre les fortifications en état de soutenir un siège.

Ce fut la dernière lueur de l'histoire militaire du Pont-de-l'Arche.

Le Pont-de-l'Arche quoique occupé en 1793 par une armée révolutionnaire venue de Paris, traversa heureusement cette période agitée, grâce à la sagesse et à la modération dont firent preuve ses officiers municipaux.

Au XVIIIe siècle, la ville était le siège de plusieurs juridictions importantes : vicomté, bailliage, élection, grenier à sel, maîtrise particulière des eaux et forêts. Elle possédait en outre une maison de ville et un bu-

rations de Normandie, formule ainsi le blason du Pont-de-l'Arche :

De gueules au pont de neuf arches élevées d'argent, mouvant d'une rivière de sinople et supportant au milieu une tour d'argent et à chaque côté de la tour une croix d'or.

Millin en a donné cette variante :

De gueules, à un pont de quatre arches d'argent, chargé d'une croix à tige d'or sur le milieu, et de deux tours d'argent couvertes aux deux extrémités; au chef d'azur chargé de trois fleurs de lys d'or.

Et le *Bulletin de l'Académie Ébroïcienne* cette autre :

De sable, au pont d'argent à trois arches, maçonné de même, au chef d'azur, chargé de trois fleurs de lys d'or.

reau des aides. Elle conservait aussi son bon château de l'autre côté du pont. Il y avait gouverneur, lieutenant du roi, lieutenant de police, un maire et deux échevins.

La Révolution supprima tous ces rouages de l'ancien régime, et fit du Pont-de-l'Arche un chef-lieu de canton, dont la tranquillité n'a été troublée, depuis le commencement du XIXe siècle, que par l'invasion prussienne de 1870.

La population actuelle est de 1.867 habitants.

COUVENTS

Le Pont-de-l'Arche possédait autrefois deux couvents : l'un de religieuses Bénédictines (Prieuré de Saint-Antoine) et l'autre de Pénitents.

PRIEURÉ DE SAINT-ANTOINE

VULGAIREMENT DÉSIGNÉ SOUS LE NOM D'ABBAYE-SANS-TOILE.

Ce prieuré fut fondé en 1635 par Messire Antoine de Montenay, chevalier, baron de Garencières, Grossœuvres et Baudemont, et Marguerite Dupré, sa femme.

Les bâtiments claustraux étaient situés rue de Jeucourt (aujourd'hui rue de Montalent, à l'endroit occupé par la propriété de M. Thomas). Il ne reste guère d'autre trace de ce prieuré que le nom de rue de l'Abbaye-sans-Toile, conservé à une petite ruelle reliant la place Hyacinthe-Langlois au quai longeant la Seine. Ce surnom avait été donné au monastère par le peuple, l'austérité de la règle de Saint-Benoît prescrivant aux religieuses l'usage exclusif de la laine.

Le prieuré de Saint-Antoine fut supprimé en 1738 par Mgr de Rochechouart, évêque d'Évreux, qui en donna les biens à l'abbaye de Saint-Nicolas de Verneuil. En 1782, son ancienne église fut acquise par la ville du Pont-de-l'Arche, qui y installa les petites écoles.

HOTEL-DIEU, PÉNITENTS

Dès 1310 il existait au Pont-de-l'Arche un Hôtel-Dieu laïque, occupant l'emplacement actuel de l'école des garçons et dirigé par des prêtres gagés, jouissant du droit de transmettre leur bénéfice.

Les pénitents n'en furent chargés qu'en 1649, sur l'initiative du Père Chérubin Cyrot appartenant aux pénitents du Tiers Ordre de Saint-François, de la Province de Saint-Yves de France, alors gardien du couvent de Vernon.

En 1652, un ancien administrateur de l'hôpital, Richard Cyrot, parent du P. Chérubin, fit don aux religieux de plusieurs maisons avec cour et jardin, sises à l'endroit occupé aujourd'hui par l'hospice. Ce fut dans ce lieu que la Révolution vint les chercher, un siècle et demi plus tard, pour les déposséder et les chasser.

Les religieux se retirèrent à Saint-Pol (Pas-de-Calais) et leurs propriétés furent vendues comme biens nationaux.

Les mêmes immeubles, grâce aux libéralités de M. Blin, ancien maire du Pont-de-l'Arche, ont servi, en 1828, à l'établissement d'un hospice.

COMMERCE, INDUSTRIE

Dès le temps de Charles le Chauve et longtemps après, les vignobles du Pont-de-l'Arche et des coteaux d'Alisay et d'Igoville ont joui d'une certaine notoriété. Dans le compte des vins du roi pour l'année 1247, le Pont-de-l'Arche figure pour quatre-vingt-huit muids onze setiers et demi (1).

La pêche et la minoterie, au XIIIe siècle et pendant les siècles suivants, furent les principales branches du commerce du pays.

D'après les savantes recherches de M. Léopold Delisle, au XVe siècle, il se préparait au Pont-de-l'Arche de notables quantités d'huile de noix et de pavots.

Au XVIIe siècle, un sieur Bourdon y fondait une manufacture de draps fins, façon d'Angleterre, citée par Piganiol de la Force.

Enfin, au XVIIIe siècle, il existait une manufacture de couvertures de coton pluchées et non pluchées.

Aujourd'hui, le Pont-de-l'Arche ne possède plus qu'une seule industrie, la fabrication des chaussons. A peine vieille d'un siècle, elle y a pris depuis quelques années une extension considérable.

(1) Léopold Delisle, *Études sur l'état de l'agriculture et la condition de la classe agricole en Normandie au moyen âge.*

PONT, CHATEAU, ÉCLUSE

Le pont commencé en 862, par les ingénieurs de Charles le Chauve, fut terminé quatre ans plus tard. Il était composé de vingt-deux arches, auxquelles deux autres furent ajoutées lors de la suppression des ponts-levis.

Au sujet de sa construction, les habitants du pays racontent diverses légendes fantastiques, entre autres celle-ci, qui se retrouve du reste autour d'un certain nombre de constructions remarquables du moyen âge. Satan, monarque des enfers, s'en serait chargé moyennant le don d'une seule âme, que l'architecte aurait su lui soustraire.

En 1296, alors que tous les ponts de la Seine croulaient renversés par l'inondation, le pont du Pont-de-l'Arche restait seul debout.

Pendant la guerre de Cent Ans, il subit de nombreuses et importantes dégradations et fut presque entièrement reconstruit au cours du XV⁰ siècle.

Trois moulins existaient sur le pont; constructions rustiques et délabrées, reposant sur de nombreux supports en bois, ils rompaient agréablement la monotonie de sa longue file d'arches.

En 1591, un lieutenant de Henri IV et en 1814 un lieutenant de Napoléon essayèrent vainement de le faire sauter ; il devait finir moins héroïquement. Ce doyen des ponts français, d'origine neuf fois séculaire, s'écroula le 12 juillet 1856.

Il a été remplacé par un pont en pierre de dix arches, inauguré le 17 janvier 1858.

Le château défendant l'extrémité du pont du côté de Rouen était primitivement bâti en pierre et en bois. Il renfermait dans son enceinte une chapelle placée sous le vocable de *Saint-Louis* (ou de Saint-Étienne), des magasins, un pigeonnier et un donjon où se trouvait une chambre appelée la *chambre du roi*.

La chapelle dépendait de la paroisse d'Igoville et le patronage appartenait au chapitre de N.-D. de Cléry.

De grandes réparations y furent faites au quatorzième siècle, ainsi qu'à la chambre du roi et au colombier.

Comme le pont, le château dut être en partie reconstruit après la guerre de Cent Ans.

Le savant Anglais Coltee Ducarel, dans son *Anglo-Norman antiquities* publié en 1767, le dépeint ainsi : « Il est situé dans une petite île, à la tête du pont, et « forme un carré défendu par une tour à chaque angle ; « au milieu se trouve une tour plus élevée à usage de « donjon. » C'est la même description que celle donnée par Thomas Corneille dans son *Dictionnaire géographique*, en 1708.

Démoli en partie en 1782, le château du Pont-de-l'Arche subit la loi fatale du niveau, lors de la construction de l'écluse, établie dans le bras dérivé de la Seine qui lui servait de fossé. Cette écluse fut inaugurée en 1812 par l'Empereur Napoléon Ier et l'Impératrice Marie-Louise.

FORTIFICATIONS DE LA VILLE

VIEILLES RUES. — PRISON. — HALLE. — BUSTE DE HYACINTHE LANGLOIS

Les fortifications du Pont-de-l'Arche se composaient de quinze tours (1) reliées entre elles par d'épaisses murailles, sur le sommet desquelles régnait un chemin de ronde. Quatre portes donnaient accès dans la ville.

Dans les dernières années du XVIIIe siècle, les fortifications furent adjugées à des particuliers et une belle promenade de tilleuls et de marronniers fut plantée sur la berme opposée aux remparts.

On peut se rendre compte de la profondeur des fossés (aujourd'hui transformés en jardins) et de l'importance des fortifications, par l'examen de quelques tours et pans de muraille restant encore debout.

Les rues du Pont-de-l'Arche sont pour la plupart étroites et en pente. Celles de Saint-Jean et de Sainte-Marie sont mentionnées dans des titres à la date de 1200.

---

(1) Y compris celles formant les portes de la ville.

Les rues Huault, Sainte-Marie et de l'Abbaye-sans-Toile, avec leurs vieilles maisons de bois, donnent encore une idée de l'aspect pittoresque de la ville au moyen âge.

Malheureusement les vieilles *hostelleries* du *Lion d'or*, de la *Teste noire* (datant du XIIIe siècle), des *Trois Rois Mages* et de l'*Image saint Jacques*, ne vivent plus que dans le souvenir des anciens du pays.

Une autre *hostellerie*, celle qui en dernier lieu était l'hôtel du *Relai de poste* et se trouvait près de la porte des Champs, à l'endroit occupé actuellement par le Bureau de poste, est indiquée par la tradition locale comme ayant reçu le roi saint Louis.

L'ancienne prison du Pont-de-l'Arche, reconstruite en 1780, sert aujourd'hui de mairie.

Elle abrita souvent des prisonniers envoyés de Rouen, par le Parlement ou le Chapitre de la Cathédrale, dans le but de les soustraire au privilège de la Fierte.

En 1408, un porc condamné à mort pour avoir « tué et muldry un petit enffant » y fut enfermé. L'exécution du coupable eut lieu sur la place publique du Vaudreuil.

On voyait encore au Pont-de-l'Arche, il y a environ cinquante ans, une halle, mentionnée dans des devis datant du quatorzième siècle.

C'est sur son emplacement que s'élève aujourd'hui le buste en bronze d'Eustache-Hyacinthe Langlois, né au Pont-de-l'Arche en 1777, dessinateur et graveur de talent, élève de David, qui mourut en 1837, professeur de dessin et de peinture à l'école municipale des Beaux-Arts de Rouen. Ses dessins de monuments portent malheureusement trop l'empreinte de l'époque à laquelle il vécut. On a de lui d'intéressantes publications sur l'histoire de la peinture sur verre, l'abbaye de Saint-Wandrille, la cathédrale de Rouen, etc.

A. L.

DEUXIÈME PARTIE

L'ÉGLISE

Extérieur de l'église du Pont-de-l'Arche. — Vue prise de la place Hyacinthe-Langlois.

L'ÉGLISE

Tout le monde sait que l'expulsion des Anglais fut, au XVe siècle, pour la France entière, le signal d'un renouveau de prospérité qui se traduisit par une floraison merveilleuse de monuments.

La haute Normandie, spécialement, trouva dans l'esprit d'initiative et l'activité commerciale de ses habitants, en même temps que dans la fertilité de son sol, une source de richesse qui permit à l'art de se développer avec éclat.

Cette remarque a été faite par Léon Palustre dans son beau livre : *La Renaissance en France*. Et en vérité, il suffit de parcourir les principales villes de la Seine-Inférieure et de l'Eure pour en apprécier la justesse. La seconde moitié du XVe siècle et la première moitié du XVIe siècle y ont laissé des chefs-d'œuvre sans nombre. Rouen, Dieppe, Eu, Caudebec-en-Caux, Harfleur, Évreux, Gisors, les Andelys, Pont-Audemer, Louviers, Conches, pour ne citer que les plus connues, procurent aux touristes et aux archéologues les jouissances les plus délicates et leur laissent les souvenirs les plus durables.

L'église Saint-Vigor du Pont-de-l'Arche fut, elle aussi, le résultat direct de cette floraison artistique, et n'est pas aujourd'hui un des joyaux les moins précieux de la couronne normande. Dominant les remparts de la ville et le cours du fleuve, elle attire de loin les regards ; mais son aspect le plus séduisant est réservé au visiteur qui monte de la place Hyacinthe-Langlois et voit tout à coup se développer devant lui la riche façade méridionale.

I

PLAN DE L'ÉGLISE. — HISTORIQUE DE LA CONSTRUCTION.

Le plan de l'église du Pont-de-l'Arche comprend une nef de cinq travées, accompagnée de deux bas-côtés et terminée par un chœur à trois pans entouré d'un déambulatoire.

L'absence du transept est la caractéristique de ce plan. Cette particularité est d'ailleurs fréquente au XVe et au XVIe siècle. Pour rester dans la région, nous signalerons Conches, le Neubourg, Beaumont-le-Roger, Nonancourt, Saint-Étienne d'Elbeuf et surtout Caudebec-en-Caux, « la plus jolie chapelle de France et de Navarre », au dire de Henri IV.

Une seule porte donne accès dans l'église. Elle occupe la première travée occidentale du bas-côté sud. Le clocher inachevé s'élève au-dessus de ce portail. Un autre petit clocher se dresse, comme à Caudebec, au-dessus du grand comble.

A quelle date exacte fut construite cette église?

Un ancien registre de la Fabrique (1), cité par André Pottier dans le *Recueil des Monuments français inédits* de Willemin (1839), portait la mention suivante :

« MDXVIII. Roger Le Mercier a continué l'ouvrage et « le pilier de la porte neuve. »

Il s'agit évidemment du portail actuel, et l'on peut ainsi sans témérité s'appuyer sur ce document pour fixer aux premières années du XVIe siècle la construction de la grande nef et de ses deux bas-côtés, c'est-à-dire de la majeure partie de l'église. Au reste, la présence de rinceaux au grand portail, certains détails des contreforts et de la balustrade viennent à l'appui de cette opinion; dans tout l'édifice, on sent, en effet, la main d'un architecte qui appréciait l'œuvre des novateurs de la Renaissance, tout en restant attaché aux formes et au style général de la dernière période gothique.

Mais à la date de 1518, l'église était loin d'être achevée. La grande nef et certainement aussi le bas-côté méridional n'étaient pas voûtés. La balustrade du toit, le remplage des fenêtres hautes et de la rose occidentale, les pyramides qui devaient s'élever au-dessus des bas-côtés pour recevoir les arcs-boutants de la nef, les gâbles des fenêtres du collatéral sud, enfin le clocher, tout cela très probablement restait à faire. Bien plus, la première pierre de l'abside n'était pas posée. Les paroissiens durent attendre les dernières années du règne de François Ier pour élever cette partie de l'édi-

---

(1) Nous ignorons ce qu'est devenu ce registre. Il ne se retrouve ni dans les archives de la sacristie, ni aux Archives de l'Eure.

fice et construire les voûtes du bas-côté méridional.

L'architecte qui fut alors appelé modifia sensiblement les plans de son prédécesseur. Il renonça, par exemple, à donner au déambulatoire le développement que celui-ci aurait dû avoir. Il dut d'ailleurs s'arrêter bientôt, sans doute faute de ressources, et ajourner la construction de la grande chapelle absidale et des hautes voûtes.

Dans le courant du XVIIe siècle, les voûtes du collatéral nord s'affaissèrent et la muraille septentrionale de la grande nef perdit légèrement de son aplomb. Pour remédier au danger créé par cet état de choses, on remplaça les contreforts extérieurs par des jambes de force, et, à l'intérieur, les élégants piliers furent enveloppés de massifs disgracieux qui firent perdre à cette partie de l'édifice sa grâce et sa légèreté.

Le XVIIIe siècle ne toucha pas au monument proprement dit; mais le XIXe entreprit divers travaux dont voici l'énumération.

1819. Construction de la chapelle des fonts baptismaux, à l'extrémité occidentale du bas-côté nord.

1851. Construction d'une sacristie au nord-est de l'église.

1864-1865. Remplacement de la voûte en bois de la nef et du chœur par une voûte en briquettes de plâtre.

1879-1883. Restauration de deux travées du bas-côté méridional et du portail.

A ces travaux s'appliquant à l'édifice lui-même, il faut ajouter la restauration des vitraux (1882-1888), et la reconstruction des orgues (1894).

Enfin, depuis 1897, l'église est l'objet de nouveaux

et importants travaux, qui, cette fois, ne sont plus la remise à neuf de telle ou telle partie, mais la reprise hardie des plans primitifs, l'achèvement du monument tel que nos pères l'avaient rêvé.

A l'heure où nous écrivons, les toitures en appentis des bas-côtés ont presque toutes cédé la place à d'élégants pavillons semblables à ceux en usage au XVIe siècle; huit fenêtres de la nef, depuis longtemps condamnées, sont ouvertes, l'église a été rajeunie à l'intérieur par l'enlèvement d'un épais badigeon, et déjà deux arcs-boutants se projettent pour appuyer au midi le mur de la grande nef. C'est dire que le maître maçon du XVIe siècle a trouvé des cœurs pour aimer son œuvre et des intelligences pour en poursuivre la perfection idéale. Que Dieu daigne bénir l'entreprise et grouper autour d'elle de nombreuses et généreuses sympathies!

II

DESCRIPTION EXTÉRIEURE

Bien que la façade méridionale de l'église soit inachevée, elle donne néanmoins une haute idée du talent de l'architecte qui l'a conçue et de l'habileté des *artisans* qui l'aidèrent à traduire sa pensée.

Nous n'aurons pas la témérité d'essayer une description. La plume, ici, se refuse à traduire ce que les yeux contemplent; elle s'arrête impuissante devant tant de richesse. Le ciseau a touché toutes les pierres;

il les a creusées, fouillées, découpées avec une patience et un art infinis ; puis le temps est venu leur donner cette teinte grise, légèrement dorée, qu'on aime à voir sur les œuvres du passé (1). Hélas ! aussi, il en a rongé quelques-unes : *Tempus edax rerum!* ici comme partout.

Notons seulement quelques détails pour aider à mieux retenir la physionomie du monument :

A la base du toit, une triple corniche de roses, de dentelures gothiques et de feuillages que Langlois a dessinée dans les *Monuments français inédits* de Willemin. Au-dessous, les pierres d'attente des arcs-boutants, les nouvelles toitures pyramidales qui couvrent chaque travée du bas-côté et laissent voir le fenestrage récent des fenêtres hautes. Arrêtez les yeux sur les panneaux de dentelle qui tapissent la muraille du bas-côté ; admirez l'ornementation des contreforts pourvus chacun de trois piédestaux et de trois dais, répartis sur leurs trois faces ; le remplage original et varié des cinq fenêtres qui occupent l'espace laissé libre par les contreforts. Regardez bien les lignes de feuillage qui garnissent la voussure des baies, qui montent avec les gâbles des fenêtres, soulignent la corniche et redescendent à l'angle des contreforts : comme c'est délicat ! D'autres détails encore vous attireront : les gargouilles jumelles de la corniche, les animaux chimériques et les personnages fantastiques qui décorent à leur naissance les encadrements des baies, les anges

---

(1) Les soubassements sont construits avec une pierre dure dont nous ignorons la provenance. Tout le reste de la construction est en pierre de Vernon et de Saint-Leu d'Esserent.

placés au sommet des fenêtres, entre autres celui qui soutient un écusson fleurdelisé (quatrième travée à partir de l'est).

Après un coup d'œil jeté sur la charmante porte en arc surbaissé qui s'ouvrait il y a encore cinquante ans dans la troisième travée (1), nous voici devant le grand portail.

Les touristes se demandent parfois, en voyant son importance et sa richesse, ce qu'aurait dû être l'autre portail, le portail occidental. Nous leur répondrons qu'il aurait été fort simple, attendu que la façade ouest de l'église a toujours été peu accessible et nullement en vue. Au reste, il a été commencé, et ce qui en subsiste confirme notre opinion.

Mais revenons au portail actuel. L'architecte l'a encadré de ces voussures profondes et de ces pieds-droits largement ébrasés qui abritent ordinairement tout un peuple de statues. Malheureusement, ici, les statues ne paraissent jamais avoir été placées. Indépendamment de celle qui eût trouvé place sur le trumeau de la porte, onze autres statues auraient orné les parois, et seize autres, beaucoup plus petites, les deux rangées de niches qui garnissent les archivoltes.

On remarquera vite que le portail entier est, dans sa disposition générale, la reproduction des travées qui l'accompagnent : même aspect général et même formes, à peine les proportions y sont-elles agrandies. Le trumeau central, détruit en 1843, sous prétexte qu'il menaçait ruine, a été rétabli en 1883. Il supporte un

(1) Cette petite porte s'appelait autrefois la *porte du paradis*. En 1817, la Fabrique fit rétablir à peu de distance, en face d'elle, une croix hosannière qui avait disparu lors de l'enlèvement du cimetière.

linteau orné d'arabesques et un tympan ajouré servant de fenêtre, disposition fréquente au XVe et au XVIe siècle (1).

Au-dessus de la balustrade s'élèvent quelques assises d'une tour qui n'a jamais été construite. Un beffroi carré en charpente, revêtu d'ardoises, monte jusqu'à la naissance du toit de la nef et se termine par une pyramide très basse qui n'atteint pas même le niveau du faîte de l'église.

La façade de l'ouest et les parties septentrionale et orientale du monument n'offrent rien de bien remarquable. D'un accès difficile, éloignées des regards, comme nous l'avons déjà fait remarquer, l'architecte les a traitées avec une grande simplicité. Notons seulement la tourelle du clocher, la porte occidentale inachevée dont l'escalier du grand orgue cache la partie inférieure, la corniche septentrionale de la nef, composée de plusieurs cordons de feuillages encadrés de moulures, enfin la corniche Renaissance du sanctuaire.

III

DESCRIPTION INTÉRIEURE.

Pour avoir une idée avantageuse du monument à l'intérieur, il faut se placer au bas de la nef, sous la tribune de l'orgue. Du premier coup d'œil, on saisit

(1) Ex.: Saint-Vincent de Rouen, Gisors (portail sud), Beaumont-le-Roger, N.-D. de la Couture, à Bernay, N.-D. des Andelys.

la pensée de l'architecte. On sent qu'il a voulu élever un édifice imposant, plus beau que gracieux, plus majestueux qu'élégant. Et cependant, les dimensions en sont modestes (1). Mais, précisément, le développement de l'édifice dans le sens de la largeur, le petit nombre des piliers qui le soutiennent et la sobriété des grandes lignes sont les moyens dont l'architecte s'est servi pour lui donner le caractère de majesté et de beauté que nous venons de signaler.

Ajoutons que nous ne voyons pas l'église telle qu'elle a été conçue au XVIe siècle. Si la voûte construite en 1865 a donné à la grande nef sa physionomie normale, la chapelle de la Sainte Vierge, où le regard devrait se perdre au delà du sanctuaire, est restée à l'état de projet.

Du point où nous sommes placés, contemplons les détails de la construction. Le vaisseau apparaît haut et large, simple dans ses lignes : pas de triforium, mais un rang de belles fenêtres; au-dessus des arcades du chœur (4e et 5e travées du nord), un fragment de corniche indique qu'il y a eu là, ou que l'architecte avait au moins l'intention d'y faire courir une galerie saillante avec balustrade ajourée. Il nous est impossible de regretter l'inachèvement ou la disparition de cette galerie; elle eût certainement alourdi l'intérieur de l'église et fait perdre à la nef l'harmonie de ses proportions. Deux rangées de piliers séparent les trois

---

(1) Longueur totale dans œuvre............ 34m,20
— de la nef et du chœur 34m,20
Largeur de la nef............ 9m,00
Largeur du collatéral N...... 5m,60
Largeur du collatéral S..... 5m,60
Hauteur de la nef............ 19m,50
— du bas-côté N....... 7m,50
— du bas-côté S....... 8m,50

vaisseaux. Tous les piliers du nord, à l'exception du dernier, ont été, comme nous l'avons dit, transformés ou défigurés au XVII° siècle. On peut cependant se rendre compte de leur forme primitive en examinant les quatrième et cinquième piliers. Ils se composaient d'un faisceau de nervures prismatiques inscrites en plan dans un losange.

Du côté du midi, les piliers sont restés tels qu'ils furent élevés au commencement du XVI° siècle : un massif central de forme circulaire contre lequel s'appliquent des nervures dont l'épanouissement forme l'ossature des voûtes.

Le premier de ces piliers est le seul qui fasse exception; car dès le XVI° siècle il reçut une forme différente. Déjà plus robuste que les autres à cause du clocher qu'il devait aider à soutenir, on le dirait enveloppé d'une chemise en pierre dure à douze pans. Si la silhouette générale en est peu élégante, il faut convenir que les sculptures du couronnement sont bien gracieuses. Aussi n'est-il pas surprenant que Langlois en ait placé un dessin dans les *Monuments français inédits* de Willemin.

Les deux piliers qui séparent, à droite et à gauche, la troisième et la quatrième travée portent les pierres d'attente d'un jubé qui n'a jamais été construit. Ce qui en a été exécuté fait regretter que le défaut de ressources ait arrêté ce beau travail.

Le cinquième pilier de la nef à droite, et celui qui lui fait pendant à gauche marquent l'endroit où les travaux, suspendus durant quelques années, furent repris, vers la fin du règne de François Ier. Si l'on considère l'extrémité orientale des deux bas-côtés, tant à l'intérieur qu'à l'extérieur, il est facile de voir que sur ce point les plans du premier architecte n'ont pas été suivis.

Le sanctuaire communique avec le déambulatoire par trois grandes arcades en tiers-point reposant sur des piliers cylindriques dont les chapiteaux sont ornés de consoles.

Au second architecte, nous croyons devoir également attribuer la construction des voûtes de tout le collatéral sud. Voici les raisons de notre opinion. Les clefs de voûte de ce collatéral sont d'un style franchement Renaissance, que l'architecte du premier quart du XVIe siècle n'aurait pu, croyons-nous, leur donner d'une manière aussi absolue. En outre, le dessin de ces clefs et la coupe des nervures se retrouvent exactement au-dessus de la dernière travée orientale et de celles qui lui font suite dans le déambulatoire, toutes élevées par le second architecte.

Quoi qu'il en soit, les clefs de voûte dont nous parlons sont fort remarquables. On les a comparées, pour la finesse de la sculpture, à des pièces d'orfèvrerie. Hyacinthe Langlois a dessiné la plus belle d'entre elles dans le Recueil des *Monuments français inédits* de Willemin (1). Ce sont toutes des variantes d'un même type, à l'exception de la première à l'ouest. Celle de la troisième travée a été détruite; il n'en reste que la partie supérieure.

On a pu remarquer la légère différence d'élévation

(1) Tome II, pl. 225.

des deux collatéraux. Ce n'est pas la seule particularité qui les distingue. Bien que construits à la même époque, ils ne se ressemblent parfaitement dans aucun de leurs détails : forme des piliers, profils des nervures de la voûte et de leurs dosserets, dessins des clefs de voûte, dimensions des fenêtres. Ces bizarreries n'ont rien qui doive surprendre; elles étaient assez fréquentes au moyen âge et le furent encore au XVIe siècle.

Les clefs de voûte du collatéral nord ont beaucoup souffert. La première et la troisième présentent des écussons mutilés dont les supports ont disparu, la deuxième est formée de rinceaux sur lesquels se détache un agneau portant une croix ornée d'une banderole; la quatrième a disparu; la cinquième se compose d'une large rose épanouie; la sixième représente une Vierge dans la gloire.

L'inspiration de la Renaissance est visible dans toutes ces sculptures. Elle l'est aussi dans le remplage de quelques fenêtres. Faut-il supposer, à cause de cela, que le bas-côté nord aurait été terminé ou remanié peu d'années après sa construction? Nous n'osons nous prononcer. Ce qui paraît certain, c'est que les travaux marchèrent lentement.

Avant de quitter l'analyse architecturale de l'église, signalons à la voûte du bas-côté N. les traces d'une décoration peinte : des fleurs de lys rouges alternant sur deux lignes et suivant les nervures.

IV

MOBILIER DE L'ÉGLISE.

Le buffet d'orgues, qui, selon la tradition, serait un présent du roi Henri IV, ne paraît cependant pas antérieur au règne de Louis XIII. En l'examinant avec un peu d'attention, on s'aperçoit que la partie inférieure du meuble et les panneaux de la tribune sont moins anciens que tout le reste. Nous croyons que ces remaniements ont été exécutés vers la fin du XVIIe siècle ou dans les premières années du XVIIIe siècle. A une époque plus récente, pendant la Révolution ou le premier Empire, on enleva les fleurs de lys en relief qui encadraient les tuyaux de la montre : les traces en sont visibles.

Les fonts baptismaux occupent un coin de la chapelle du Sacré-Cœur, au N.-O. de l'église. Relégués hors de l'édifice en 1819, au moment où M. Blin, alors maire de la ville, construisit à ses frais ladite chapelle pour y installer des fonts en marbre noir, ils ont repris leur place en 1846 (1). Ils se composent d'une cuve octogonale en pierre dure, ornée de plusieurs rangées d'ornements finement sculptés. L'ensemble porte les caractères d'un style Renaissance assez avancé, qui semble indiquer comme date le milieu du XVIe siècle (2).

---

(1) Duranville, *Essai historique et archéologique sur la ville du Pont-de-l'Arche*, p. 107.

(2) En 1819, le Conseil de Fabrique, remerciant M. Blin de sa générosité. approuvait l'enlèvement de ces fonts, parce que, dit la délibération, « leur état d'ancienneté ne présentait rien d'agréable ».

Le style de la chaire rappelle celui des orgues. Duranville a écrit qu'elle venait de Bonport. Un écusson

Intérieur de l'église du Pont-de-l'Arche. — Les Orgues et la Chaire.

placé sur la porte de l'escalier et formé des lettres entrelacées ARB, pourrait donner un semblant de vérité à cette assertion ; il est vrai aussi que la chaire s'adapte assez mal au pilier contre lequel elle s'appuie. Mais la porte dont il est question a-t-elle toujours appartenu à

Fonts baptismaux de l'église du Pont-de-l'Arche.

la chaire, et puis les lettres ARB signifient-elles nécessairement Abbaye Royale de Bonport? Une abbaye possédant des armoiries aussi anciennes et aussi nobles que celles de Bonport (1) aurait-elle manqué l'occasion de les mettre en évidence? Un autre écusson orne, il est vrai, le panneau de fond; mais, bien qu'il ait été indignement mutilé, il est aisé de s'apercevoir que ce n'était point celui de l'Abbaye. Enfin, les statuettes qui décorent les panneaux de la chaire nous paraissent convenir mieux à l'église du Pont-de-l'Arche qu'à celle de Bonport : saint Louis, titulaire d'une chapelle dans l'église, sainte Barbe, la Vierge-Mère, saint Jean l'Évangéliste, saint Vigor, saint Jacques le Majeur. Aucune, on le voit, ne rappelle l'ordre de Cîteaux.

Les stalles, au nombre de quarante-six, ont une origine mieux établie. Elles proviennent avec certitude de l'abbaye de Bonport. On a dû mutiler quatre piliers du chœur pour les placer dans l'église du Pont-de-l'Arche. D'ailleurs, toutes les stalles de la célèbre abbaye ne sont point ici. L'église voisine de Criquebeuf-sur-Seine en possède six autres. En outre, celles que nous avons sous les yeux n'ont point exactement la même disposition qu'à Bonport; les stalles hautes sont moins élevées qu'autrefois par rapport aux stalles basses. Elles ont aussi perdu, comme la boiserie des orgues, les fleurs de lys qui ornaient la face antérieure des parcloses terminales. Néanmoins, l'ensemble est remarquable. Il faut admirer la perfection apportée au travail de la menuiserie et la finesse des sculptures, mais surtout les douze lions, qui pouvaient rappeler aux religieux que leur abbaye avait été fondée par Richard Cœur de Lion. Les détails d'ornementation, empruntés à la

---

(1) L'écusson de l'abbaye était parti de France et d'Angleterre.

feuille d'acanthe, sont les mêmes pour toutes les stalles : miséricordes, accoudoirs, parcloses. Le style général indique l'époque de Louis XIV.

Le maître-autel, qui est la pièce capitale du mobilier

Intérieur de l'église du Pont de l'Arche. — Le Chœur.

de l'église, s'est vu, comme l'orgue, accorder les honneurs d'une origine royale. On a dit que c'était un cadeau de Henri IV. Il est nécessaire de le rajeunir et de lui assigner la même date qu'à son tableau principal. Néanmoins, il ne serait pas impossible qu'un seul donateur portât devant Dieu le mérite de l'avoir placé là. L'inscription : DILEXI, DOMINE, DECOREM DOMVS TVÆ, qui se lit dans un cartouche au milieu de la grande frise, permet de le supposer.

Quoi qu'il en soit, nous aimons à mettre sous les yeux du visiteur l'appréciation très juste d'un archéologue normand, Raymond Bordeaux. Ce dernier écrivait en 1852, dans son *Traité de la réparation des églises* : « Le nombre des autels du dix-septième siècle restés dans leur intégrité n'est pas très grand aujourd'hui... Nous citerons le maître-autel de l'église de Pont-de-l'Arche, dont la somptueuse contre-table a conservé non seulement ses colonnes creuses et découpées à jour, mais encore ses tableaux, ses rehauts d'or, ses figurines, son tabernacle, son parement d'étoffe de soie. Cet immense retable, qui serait déplacé dans une église du XIIIe siècle, ne gâte rien à Pont-de-l'Arche, puisqu'il dissimule l'inachèvement de l'abside, et que, d'ailleurs, il est presque de la même époque que l'édifice qui le renferme. » L'auteur ajoutait en note, dans une seconde édition, en 1862 : « Depuis l'époque où nous avons écrit ces lignes, l'autel de Pont-de-l'Arche a subi, malgré les observations de la Société française d'archéologie, d'inintelligentes altérations. Le parement d'étoffe de soie a été remplacé par une devanture de bahut et des parties de dorure neuve du ton le plus faux ont rompu l'harmonie des dorures primitives. »

Le fâcheux travail dont parle ici Raymond Bordeaux fut exécuté en 1859 et coûta 1.200 francs. Heureusement le vandalisme s'arrêta là. On fut obligé de dépenser à la réparation des toitures le produit d'une loterie qu'on avait organisée en vue de redorer l'autel tout entier.

Pour compléter la description qui précède, nous ajouterons que, jusqu'à 1812, le tombeau de l'autel et le tabernacle étaient d'un degré moins élevés qu'aujourd'hui.

Le tableau principal, encadré par quatre grandes colonnes corinthiennes, a pour sujet la Résurrection. Il est signé :

I. Le Tourneur

P. inventeur 1642.

D'autres peintures ornent encore l'autel. A droite, au-dessous de la statue de saint Louis, une toile représente l'apparition de Notre-Seigneur à sainte Marie-Madeleine. A gauche, au-dessous de la statue de saint Vigor, une autre toile figure Notre-Seigneur rejoignant les disciples sur le chemin d'Emmaüs. Des deux côtés du tabernacle, sur le piédestal qui reçoit les grandes colonnes, deux cartouches peints en grisaille sur fond rouge ont pour sujet, à droite, le Bon Pasteur, et à gauche l'apparition de Jésus-Christ à sa mère après la Résurrection (?).

Au-dessus du premier ordre d'architecture, un second ordre plus petit encadre une statue du Sauveur portant le globe du monde dans sa main gauche et bénissant de la main droite. Les quatre colonnes ajourées rappellent celles du bas. Au-dessus de la corniche, le couronnement est formé par deux anges qui soutiennent une mitre, une croix et une crosse.

La lampe du sanctuaire est un travail du XVIIIe siècle en cuivre argenté et repoussé qui mérite l'attention. Elle porte sur trois écussons : les armes de France, les lettres entrelacées S L, et trois couronnes adossées posées 1 et 2.

L'autel de Notre-Dame du Rosaire, qui occupe l'extrémité du collatéral nord, est intéressant à cause de son tableau peint sur toile. Au milieu, la Vierge Marie, le croissant de la lune à ses pieds, une couronne de roses sur la tête, porte l'Enfant Jésus sur son bras gauche. Autour d'elle et dessinant un ovale, quinze petits médaillons représentent les mystères du Rosaire. A droite et à gauche, voltigent des anges qui tiennent des chapelets.

Au premier plan, saint Dominique, debout, le front marqué d'une étoile, semble prêcher pendant que deux religieux à ses côtés sont occupés, l'un à inscrire les indulgences attachées à la récitation du Rosaire (?), l'autre à distribuer des chapelets que des anges portent dans le purgatoire figuré au-dessous de la table devant laquelle sont les trois personnages. Cette dernière action est le symbole des fruits de la récitation du Rosaire : la rémission des peines du purgatoire. Le bas du tableau est occupé par deux groupes nombreux d'ecclésiastiques et de laïques agenouillés en tête desquels on reconnaît un pape et le roi Louis XIII.

Le tableau que nous venons de décrire a, comme objet d'art, moins de valeur que celui du maître-autel; mais l'idée théologique qu'il traduit méritait d'être signalée.

L'autel de Saint-Joseph, précédemment autel de Saint-Pierre, occupe, depuis 1814, le fond du bas-côté sud. Dépourvu de valeur, il provient de l'ancienne

Statue de la Sainte Vierge.

église Saint-Pierre des Damps, laquelle fut vendue le 10 avril 1813 et détruite peu de temps après. Avant cette époque, la chapelle était consacrée à saint Nicolas.

Le confessionnal que l'on voit dans le collatéral nord a été sculpté, il y a une quarantaine d'années dans le style du XVe siècle, par Boudin, de Gisors (1).

Parmi les nombreuses statues qui se trouvent dans l'église du Pont-de-l'Arche, quelques-unes méritent d'être mentionnées. Dans le collatéral nord, saint Claude, saint Évroult, Notre-Dame de Bonport et surtout une Vierge décorée à tort du nom de sainte Clotilde; mais le nombre des piédestaux ou culs-de-lampes remarquablement sculptés est plus grand que ce-

(1) Cet artiste est surtout connu comme auteur de la jolie chaire de Vernon.

lui des statues. Il en faut citer quatre dans le collatéral nord et trois dans le collatéral sud.

La statue la plus intéressante est, sans contredit, la Vierge que nous venons de signaler, c'est une œuvre du quatorzième siècle aujourd'hui incomplète; l'Enfant Jésus a disparu, ainsi que le sceptre ou la branche de lys que Marie tenait à la main. Espérons que cette statue sera bientôt complétée et remise en honneur. Par la noblesse de son attitude, le gracieux mouvement des draperies et la dignité des traits du visage, elle nous transporte à la plus belle période du moyen âge et fait songer aux merveilles que l'art inspiré de cette époque nous a léguées en si grand nombre.

V

LES VITRAUX.

Nous sommes arrivés à la plus intéressante partie de notre travail, la description des vitraux. Elle sera peut-être un peu longue, mais nous espérons que le visiteur trouvera autant d'intérêt à nous suivre que nous en avons nous-même trouvé à étudier l'œuvre des peintres-verriers du XVIe et du XVIIe siècle. Ceux-ci ont voulu nous instruire et nous charmer tout à la fois. (N'est-ce pas d'ailleurs le but de l'art chrétien, sa véritable raison d'être?) Ce sera donc entrer dans leurs vues que de donner à l'étude de leurs œuvres une bonne part de notre temps et de notre attention.

Nous décrirons d'abord le vitrail du chœur; nous étudierons ensuite les vitraux du collatéral nord, et nous terminerons par ceux du midi.

FENÊTRE DU CHŒUR.

Le Christ en croix.

Au centre de la fenêtre, le Christ est représenté attaché sur la croix, la tête profondément inclinée. Au pied de la croix, la Sainte Vierge et saint Jean se tiennent debout, les mains jointes. Au-dessus, deux Anges aux ailes déployées sont en adoration. Plus haut encore sont figurés le soleil et la lune. Dans le tympan, l'artiste a groupé autour du monogramme du Sauveur différents attributs de la Passion : la bourse, la lanterne, la lance, l'éponge, la couronne d'épines. La date 1632 est inscrite au-dessous de la couronne d'épines.

Ce vitrail est un des plus beaux de la collection. Pour juger de son mérite, il faut le voir aux premiers rayons du soleil levant, alors qu'une teinte légèrement orangée se répand sur toute sa surface et fait valoir merveilleusement l'or des bordures et le damassé du fond.

Il a été restauré en 1883, aux frais de Mme de Lanterie.

Parmi les fenêtres hautes de la nef que l'on a commencé d'ouvrir en 1897, deux seulement, à la date où nous écrivons, ont été garnies de verrières. Malheureusement celles-ci ne s'harmonisent point avec les anciennes verrières de l'église; elles sont donc appelées à disparaître et à rentrer, aussi bien comme sujets que comme coloration, dans un plan général dont le développement offrira aux yeux les saints dont la Vierge Marie est la reine dans l'Ancien et dans le Nouveau Testament : Prophètes, Apôtres, Martyrs, Confesseurs et Vierges.

Chapelle du Sacré-Cœur ou des Fonts baptismaux.

Deux petites verrières modernes y représentent, la première l'apparition de Notre-Dame de Lourdes (don de la famille Morel-Billet), la seconde, l'apparition de Notre-Seigneur à la bienheureuse Marguerite-Marie (don de M. Alfred de la Potterie, ancien maire de la ville).

VERRIÈRES DU BAS-COTÉ NORD.

Fenêtre occidentale.

Elle a pour sujet les quinze mystères du Rosaire. Vitrail moderne en camaïeu.

Première fenêtre septentrionale.

Verrière moderne consacrée à la vie de saint Henri, empereur d'Allemagne, et à celle de saint Louis, roi de France.

Les trois sujets qui garnissent la partie principale de la fenêtre sont indiqués par des inscriptions en caractères gothiques. Ce sont, à gauche, le sacre de saint Henri ; au milieu, la construction de la cathédrale de Strasbourg ; à droite, la mort du saint empereur.

Dans le tympan, se voient trois scènes de la vie de saint Louis : au sommet, saint Louis rendant la justice sous le chêne de Vincennes ; plus bas, saint Louis recevant les leçons de sa mère Blanche de Castille, et enfin saint Louis portant la sainte Couronne d'épines à la Sainte-Chapelle.

Au bas de la verrière, un écusson : *D'azur à trois flanchis d'argent, 2 et 1*, et une inscription nous apprennent qu'elle a été donnée en 1883 par M. l'abbé de Lanterie, prêtre de la communauté de Saint-Sulpice.

Deuxième fenêtre.

Mort de la Sainte Vierge. — La sainte Vierge repose sur un grand lit à baldaquin, tenant en ses mains un cierge. Autour d'elle, les douze Apôtres assistent à ses derniers moments (1). Au sommet du tympan, la Vierge paraît sur un fond d'or, les mains jointes ; dans les deux soufflets au-dessous, les Évangélistes saint Luc et saint Marc, reconnaissables à leurs attributs, paraissent s'entretenir d'elle.

Dans la partie inférieure du vitrail, à gauche, un cartouche mentionne sa restauration en 1884, aux frais

(1) La présence des douze Apôtres auprès du lit de mort de la Sainte Vierge est rapportée par Grégoire de Tours lui-même : « Lorsque le temps vint pour la Bienheureuse Marie de quitter la terre, les Apôtres furent rassemblés de tous les pays, et ayant connu que l'heure était proche, ils veillaient avec elle ». (Greg. Turon., *De Gloria Martyr.*, IV.) Le moyen âge a beaucoup affectionné la représentation de cette scène.

de la famille Sorel. Les deux lancettes suivantes portent, au bas, sur un fond d'or semé de fleurs rouges, les portraits des donateurs : une dame habillée de rouge avec collerette à fraise et manteau noir, et un bourgeois portant également un manteau noir et une collerette à fraise. Le fragment d'inscription suivant se lit au-dessous :

..... quatre vin..... personne thomas fnn..... rgois du pond..... ..... sa femme..... reste victre pries..... pour... lr.....

Troisième fenêtre.

Baptême de Notre-Seigneur Jésus-Christ. — Le Christ est représenté dans le Jourdain. Saint Jean-Baptiste, à droite, verse sur sa tête l'eau du baptême, pendant que, à gauche, un Ange tient les vêtements du Sauveur.

Le tympan de la fenêtre est occupé par le Jugement dernier. Jésus-Christ juge le monde. A ses côtés, des Anges sonnent de la trompette; au-dessous, les Morts ressuscitent; à gauche, la sainte Vierge couronnée et, à droite, saint Jean-Baptiste implorent la clémence du Juge. L'écusson du donateur se trouve également dans le tympan : *D'argent à 3 feuilles de trèfle de sinople, 2 et 1*.

Au bas du vitrail, une inscription mentionne sa restauration en 1883, par la libéralité de M. Remi Hazard. Enfin un fragment d'inscription gothique, dont les lettres ont d'ailleurs été déplacées, permet de croire que le donateur était un marchand du Pont-de-l'Arche.

Quatrième fenêtre.

Elle est occupée par une belle grisaille. Bien qu'elle ne porte aucune date, le costume des donateurs permet de l'attribuer au premier quart du XVIIe siècle.

Première lancette : Saint Charles Borromée.

Deuxième lancette : Saint Georges à cheval, terrassant le dragon. Au second plan paraît une jeune femme agenouillée en prière (1).

Troisième lancette : Saint Jean-Baptiste. Il tient de la main droite un livre sur lequel on voit l'Agneau, attribut habituel du saint Précurseur.

Le tympan est occupé par l'Annonciation. La sainte Vierge, modestement assise en face de son prie-Dieu, reçoit le message de l'ange Gabriel, pendant que le Père Éternel, figuré au sommet de la fenêtre, la bénit et lui envoie l'Esprit-Saint.

Au bas du vitrail, on voit : première forme : le portrait des personnes qui firent les frais de la restauration en 1883 et l'inscription qui nous apprend leur nom : M. et Mme Abraham Morel. Deuxième forme : deux magistrats agenouillés, en costume Louis XIII. Troisième forme : un seigneur et sa femme également agenouillés, en vêtements somptueux du temps de Louis XIII.

---

(1) La scène représentée ici « est purement symbolique et dérive des monuments de l'iconographie byzantine. Elle signifie la victoire que saint Georges a remportée sur le démon par sa généreuse confession ; la princesse figure Alexandra, femme de Dioclétien, que la constance du martyr conquit à la foi. » (Dom Guéranger, « Temps pascal », t. II.)

Le visiteur remarquera les bordures qui encadrent les sujets principaux et les dais qui les surmontent. Nous en retrouverons d'analogues dans deux verrières du midi.

Cinquième fenêtre.

L'office de la Sainte Vierge. — Précieuse grisaille sur fond d'or.

Au centre de la verrière, on voit Marie, les mains jointes ; à ses pieds, la lune et le dragon infernal pour rappeler les paroles des saints Livres : *Luna sub pedibus ejus... Ipsa conteret caput tuum...* Des deux côtés, l'artiste a figuré des emblèmes que les inscriptions suivantes accompagnent :

quasi Cedrus — An[n]ulo Dei obsignat[a] — put[e]us aquarum — Lilium conuallium — [scala] Cœli — porta Cœli — Speculum sine macula — Stella maris — Civitas Dei — quasi pla[n]tatio rosæ — Flos Campi — Fons signatus — Templum Dei — Tur[r]is David.

Au sommet du tympan, Dieu le Père bénit la Sainte Vierge. Les autres compartiments du tympan sont remplis par des Anges.

Ce vitrail, qui ne porte aucune date et ne contient aucun portrait de donateur, appartient évidemment à la même époque que les autres, c'est-à-dire à la période dont les dates extrêmes sont fournies par les inscriptions de ceux-ci : 1580-1632.

Il a été restauré aux frais de la Société de la sainte Vierge, en même temps que les autres verrières de l'église. Il est regrettable que, pour indiquer cette restauration, on ait eu l'idée de placer au bas de la fenêtre un écusson fantaisiste accompagné de la devise :

« Debout, en avant, toujours mieux. »

Sixième fenêtre.

L'arbre de Jessé. Verrière polychrome sur fond d'azur.

Le sujet est un de ceux que les artistes du moyen âge et de la Renaissance ont le plus affectionnés. Qui ne sait que Engrand Le Prince, un des maîtres de la peinture sur verre au XVIe siècle, a voulu se représenter lui-même sous les traits d'un roi de Juda, dans l'arbre de Jessé qu'il peignit à Saint-Étienne de Beauvais? La verrière que nous avons sous les yeux est d'une bonne exécution et surtout d'une grande fraîcheur de tons.

L'arbre occupe la fenêtre tout entière, lancettes et tympan. Jessé est couché sur un lit à dossier sculpté. De sa poitrine sort l'arbre dont les rameaux portent les principaux de ses descendants : DAVID, SALOMON, JOSAPHAT, ROBOAM, ASA, ÉZÉCHIAS, MANASSÉ, OZIAS, JOATHAM, ACHAZ, JORAM, ABIAS; à la partie supérieure du vitrail, la Vierge tenant l'Enfant Jésus. Près de la bordure du tympan, des Anges chantent ou jouent de divers instruments de musique.

A la partie inférieure du vitrail, deux saints Évêques sont représentés. L'un, à gauche, tient une crosse et un livre ouvert. Aucun attribut n'indique son nom. A droite, un autre Évêque bénit de la main droite, pendant que la main gauche tient une crosse. Une étole enroulée au cou d'un monstre dont la tête paraît à côté du saint, et trois oies (1) figurées à ses pieds nous désignent clairement le patron de l'église, saint Vigor.

L'inscription suivante en caractères gothiques se lit au bas du vitrail. Elle est si incomplète que les parties subsistantes ne suffisent pas pour rétablir la phrase et suppléer les lacunes.

Ceste vitre a esté faicte des..... donné lors de l'adjudication des fermes d'Imposict....
Du pont de l'arche distribuez Par... Présidens et tresoriers generaux de france establiz.....
Estant Receveur annee Mil six..

Un écusson placé à gauche indique la restauration faite en 1882, grâce aux dons de Mme et de Mlle Olivier des Bordeaux.

BAS-CÔTÉ MÉRIDIONAL.

Fenêtre occidentale.

Le vitrail, entièrement neuf, représente dans ses deux lancettes saint Vigor moine, et saint Vigor évêque. La scène que l'on voit au bas de la fenêtre et l'inscription qui s'y lit rappellent qu'un curé du Pont-de-l'Arche M. l'abbé Lemariey, fut frappé de mort le 17 mai 1885,

(1) Une légende dépourvue de valeur attribue en effet au saint évêque de Bayeux la résurrection d'une oie, en réponse aux cris des autres oies du troupeau.

en recevant au portail de l'église Mgr Grolleau, évêque d'Évreux.

La verrière qui occupe le tympan du portail est neuve. Placée en 1885, en même temps que la précédente, elle est consacrée aux saints Anges.

Première fenêtre méridionale

Cette fenêtre, qui éclaire la deuxième travée du bas-côté, est dédiée à saint Nicolas.

Trois des panneaux du bas sont les seuls qui appartiennent à l'ancienne verrière; tout le surplus est moderne.

1er *sujet.* Pour le faire comprendre il nous faut rappeler un fait que Jacques de Voragine rapporte dans sa *Légende dorée* et qui est tiré de la vie de saint Nicolas :

« Un homme avait emprunté à un juif une somme d'argent et il jura sur l'autel du glorieux saint Nicolas qu'il la rendrait aussitôt qu'il pourrait; et il la garda fort longtemps, et le juif la lui redemanda; et l'homme dit qu'il l'avait rendue. Alors le juif le cita devant les juges, et le débiteur fut appelé à prêter serment. Il avait mis cette somme dans un bâton creux sur lequel il s'appuyait; et quand il fut sommé de jurer, il demanda au juif de *tenir* son bâton, et il prêta serment qu'il avait rendu plus qu'il ne lui avait été prêté; et quand il eut fait le serment, il redemanda son bâton; et le juif, qui ne savait pas la ruse dont il s'était servi, le lui rendit; et alors celui qui avait fait cette fraude s'en alla, et le sommeil le prit et il s'endormit dans un carrefour. Il passa un chariot qui le tua et qui brisa le bâton, et l'or se répandit par terre. »

Les deux scènes du serment et du châtiment providentiel sont figurées à deux plans différents dans le panneau que nous avons sous les yeux. La suite de la légende n'est pas représentée ici. Le visiteur aimera à la connaître. « Le juif apprit cela, il vint tout ému et vit la fraude. Ceux qui étaient là lui disaient de reprendre l'or. Il s'y refusa, disant qu'il ne le ferait pas à moins que le mort ne revînt au monde par les mérites de de saint Nicolas; mais que s'il ressuscitait, il se ferait baptiser. Le mort ressuscita et le juif fut baptisé au nom de Jésus-Christ. »

Les églises de Louviers et de Pont-Audemer offrent dans leurs vitraux la représentation de la même légende.

2ᵉ *sujet* : « Un prêtre en habit de chœur, présidant à un débarquement de grains. On dit que c'est un curé du Pont-de-l'Arche, qui, au commencement du XVIIᵉ siècle, et dans une grande famine, fit distribuer des vivres aux indigents (1). »

Saint Nicolas ayant miraculeusement pourvu à la nourriture de son peuple pendant une année de disette, il ne serait pas impossible que le panneau dont nous venons de parler eût été mis là exprès pour rappeler à la fois les deux faits.

3ᵉ *sujet*. — Couronnement de saint Nicolas.

---

(1) Duranville, *Essai historique et archéologique sur la ville du Pont-de-l'Arche*, p. 99.

Le bas de la lancette suivante représente Mlle Véronique Alexandre, entourée des enfants de la famille Tassel, chez laquelle elle était servante. Cette personne avait légué à l'église une somme de 1.700 fr. pour être employée à des travaux non déterminés. La Fabrique consacra cette somme à la restauration du vitrail. Ceci se passait en février 1882. Le mouvement était donné. En 1885, tous les autres vitraux de l'église étaient remis en plomb et complétés.

Les autres sujets figurés dans la verrière sont tous relatifs à la vie de saint Nicolas et représentent « Comment saint Nicolas dota trois jeunes filles, ressuscita trois enfants, assista au concile de Nicée, renversa les idoles ». Le tympan de la fenêtre est occupé par les sujets suivants, sans inscription : Mort de saint Nicolas, transport de sa châsse, saint Nicolas dans la gloire.

Deuxième fenêtre.

I. *Le passage du pont.* — Au 1er plan, à droite, le château fort du Pont-de-l'Arche, tel qu'il devait être au temps de Henri IV, la Seine, le pont, et à l'extrémité de celui-ci la ville, ceinte de murailles et de tours. A gauche, un groupe nombreux d'habitants, hommes et femmes, aident deux attelages de chevaux à faire passer sous la maîtresse arche du pont un bateau chargé de vin. Les costumes sont curieux à étudier. André Pottier, dans les *Monuments français inédits* de Willemin, a signalé chez ceux des hommes les grègues à canons, espèces de larges culottes ouvertes par le bas; dans ceux des femmes, la petite coiffe à long voile flottant et le devanteau ou devantière (1).

Quel est l'événement dont nos pères voulurent ainsi fixer le souvenir? Impossible de le dire. Rappelons toutefois que le *halage* des bateaux n'est pas encore effacé de la mémoire chez les anciens du pays. Il y a cinquante ans, bon nombre d'habitants du Pont-de-l'Arche trouvaient un supplément de ressources dans l'aide qu'ils prêtaient aux bateliers pour passer sous le pont.

II. *La multiplication des pains.* — Elle se développe au-dessus de la scène précédente. Dessin défectueux, coloris excellent.

Dans le tympan de la fenêtre, on voit quatre scènes.

1° *La tempête apaisée.* — Notre-Seigneur dort tranquillement dans la barque. Ses apôtres le réveillent.

2° *Saint Pierre marche sur les flots.* — Il se dirige vers le Sauveur qui lui tend les mains.

3° *La première tentation au désert.* — Jésus-Christ assis au milieu des rochers entend la parole du Tentateur : « Si vous êtes le Fils de Dieu, dites que ces pierres deviennent des pains. »

4° *La troisième tentation.* — Jésus-Christ, qui a été transporté sur une haute montagne, met le démon en fuite par les paroles que l'on sait : « Retire-toi, Satan; « car il est écrit : Tu adoreras le Seigneur ton Dieu, et « tu ne serviras que lui seul. »

Au bas du vitrail est indiquée sa restauration en 1883 à l'aide des deniers de « Dame Savoye, sœur Saint-

---

(1) Dans nos campagnes de la Normandie, le tablier porte encore l nom de *devanteau*.

Ephrem, Religieuse de la Miséricorde, et Dame Dubusc. »

Troisième fenêtre.

La Résurrection de Lazare. — La représentation du miracle occupe les quatre lancettes de la fenêtre. Le dessin est médiocre en général, et la perspective défectueuse pour les monuments du second plan. Malgré ces critiques, l'ensemble du vitrail est intéressant.

Le tympan est consacré au mystère de la sainte Trinité. Le Père, revêtu d'une chape, coiffé de la tiare, tient de sa main gauche le globe du monde. Le Fils, couvert d'un manteau, embrasse sa croix dans son bras droit. Le Saint-Esprit, figuré sur un fond d'or par une colombe, occupe le sommet du tympan.

Dans deux autres compartiments, on voit : à gauche, le Sauveur tenant le globe du monde et bénissant; à droite, saint Jacques le Majeur.

Signalons enfin, dans une des pièces du tympan, la présence d'un écusson : *Parti, au 1er d'or à un couteau de boucher d'argent emmanché du même, et un fusil d'argent emmanché de gueules; au 2e d'or à trois scorpions (?) de sable, posés 2 et 1.* Les armoiries du premier parti semblent être celles de la corporation des bouchers.

Une inscription qui se lit au bas de la lancette de gauche indique la restauration du vitrail, par les libéralités de M. et de Mme Jules Lequeux. Le bas des deux lancettes suivantes offre le portrait du donateur et de son épouse. Ce sont deux bourgeois dont l'inscription que voici, placée dans la quatrième lancette, nous apprend les noms :

> honneste personne Jacques
> ...ert vivant bourgoys
> de ce lieu et marianne fum
> mierre sa femme ont donne
> ceste vitre. priés Dieu pour
> eulx. mil six centz et six.

Les deux verrières qui nous restent à examiner comptent parmi les plus belles de l'église. Elles ont une parenté certaine avec la verrière du Crucifiement au-dessus de l'autel, et avec celle de Saint-Georges dans le collatéral nord.

Quatrième fenêtre.

Sur un fond damassé, quatre figures de saints se détachent en grisaille, encadrées par une élégante bordure et surmontés d'un dais.

Première lancette. — Panneau neuf. Un saint pape auquel on a eu, je crois, la pensée de donner le nom de saint Alexandre.

Deuxième lancette. — Saint François d'Assise. Le saint découvre avec la main droite le stigmate du côté.

Troisième lancette. — Saint Jean l'Évangéliste. Le saint Apôtre bénit de la main droite un calice qu'il porte en sa main gauche et d'où s'échappe un dragon.

Quatrième lancette. — Panneau neuf. Sainte Claire d'Assise, tenant un ostensoir et une crosse.

Dans le tympan, quatre petits médaillons sont consacrés aux Évangélistes. Au sommet, on voit une colombe sur fond d'or.

Au bas de la première lancette, un cartouche rappelle la restauration du vitrail aux frais de M. et de Mme Tassel-Sevaistre. Plus loin, dans le cartouche de la quatrième lancette, on lit la date 1883.

Le bas des deux lancettes du milieu est occupé par des portraits de donateurs; première lancette, un personnage agenouillé; deuxième lancette, un groupe nombreux de personnes agenouillées. Il n'y a pas de date, mais le costume des donateurs, le caractère général de la verrière et sa ressemblance avec la suivante autorisent à l'attribuer au règne de Louis XIII.

Cinquième fenêtre.

Le vitrail qui la remplit nous paraît l'emporter sur le précédent pour la correction du dessin et l'élégance des détails.

Sur un fond damassé, semblable à celui de la fenêtre précédente, mais avec des bordures d'un dessin différent, on voit se détacher quatre sujets polychromes.

Première lancette : La Sainte Vierge tenant l'Enfant Jésus.

Deuxième lancette : Sainte Anne instruisant la Sainte Vierge.

Troisième lancette : Sainte Élisabeth ayant auprès d'elle saint Jean-Baptiste.

Quatrième lancette : Sainte Monique instruisant son fils saint Augustin. Panneau entièrement neuf, donné par l'Association des Mères chrétiennes de la paroisse.

Dans le tympan on remarquera des figures d'Anges et les monogrammes du Christ et de la Vierge Marie. Au sommet, le Père Éternel assis, coiffé d'une tiare, soutient la croix sur laquelle est attaché son Fils. Le Saint-Esprit ne paraît pas dans le groupe.

Au bas de la première lancette, une inscription mentionne la restauration en 1885 (le peintre a mis par erreur 1883).

Dans la seconde lancette se trouve le portrait du donateur, et dans la troisième celui de la donatrice accompagné de la date 1621. Sur le prie-Dieu de cette dernière, on voit un écusson : *Parti, au 1er d'azur au chevron d'argent, accompagné de 3 bourses (?) d'or; au second, coupé, au 1er d'azur à 3 flammes (?) d'or; au second de gueules à 3 quintefeuilles d'argent.* Hyacinthe Langlois a voulu voir deux de ses ancêtres dans ces bourgeois. Nous avouons ne pas comprendre comment l'écusson actuel aurait pu remplacer celui que Langlois reproduisait en 1839 dans les *Monuments français inédits*. Il y a erreur évidente de l'illustre dessinateur.

VI

PIERRES TOMBALES. — INSCRIPTIONS. — CLOCHES.

L'église du Pont-de-l'Arche ne renferme plus aucune pierre tombale digne d'intérêt. Lorsque le chœur fut doté, en 1814, d'un carrelage de marbre blanc et noir, provenant de Bonport, on dressa près du grand portail la tombe d'Eustache de Merellessart, gouverneur de la ville au dix-septième siècle. Elle avait occupé jusqu'alors le milieu du chœur. En regard de cette tombe, dépourvue d'ailleurs de tout intérêt artistique, on pouvait lire, sur une petite plaque de marbre noir, la mention des services et des messes fondés en 1663 par la veuve dudit gouverneur. Cette plaque, brisée en deux morceaux, a été longtemps reléguée derrière l'église ; elle a été replacée en 1897.

Il y avait autrefois plusieurs inscriptions dans le bas-côté nord ; une seule est restée en place. Elle perpétue la mémoire de Robert « Haiseus », procureur du roi, et a été mise en ce lieu par son neveu « Janus Haiseus », en 1598.

Les trois cloches qui composent la sonnerie de l'église ont été fondues à deux dates différentes. La plus grosse, ornée d'une inscription en caractères gothiques, est de 1580. Les deux autres sont de 1821.

Les deux timbres de l'horloge portent l'inscription suivante au-dessous d'une couronne de fleurs de lys :

† IHS ₳ LAN + 1640 + AVE GRATIA PLENA DOMINUS TECUM.

Tous les quarts d'heure, leur voix argentine « nous recommande doucement d'invoquer le bien-aimé nom que jamais les pauvres pêcheurs n'invoquèrent en vain » (1).

(1) Louis Veuillot, *Rome et Lorette.*

VII

SACRISTIE.

La sacristie communique avec l'église par une baie encore surmontée d'un couronnement du XVIe siècle. Hyacinthe Langlois a publié un dessin de cette porte, telle qu'elle devait exister de son temps. Nous ignorons pourquoi et à quelle date elle a été mutilée; mais ce qui en reste indique un travail de bon goût dont malheureusement Langlois, toujours un peu fantaisiste, n'a point reproduit la physionomie exacte.

Dans la sacristie, vaste construction de 1851, le visiteur remarquera avec intérêt :

Une petite armoire Henri II ;

Un grand chapier du temps de Louis XIV, qui occupait jadis le fond de la sacristie de Bonport. On attribue la même origine au meuble précédent ;

Une fontaine en cuivre ;

Un tableau sur bois : l'Adoration des Mages ;

Deux autres tableaux : la sainte Famille et la Nativité de saint Jean-Baptiste (?) avec cadres en bois richement sculptés ;

Deux petits bas-reliefs, encadrés de colonnes torses, et représentant l'Annonciation, qui ornaient autrefois l'autel de Saint-Nicolas.

Nous nous étions proposé de faire connaître l'église du Pont-de-l'Arche aux nombreux visiteurs qui s'arrêtent chaque année dans cette ville. Avons-nous réussi? Nous n'oserions nous en flatter. Avons-nous au moins été utile à quelques-uns d'entre eux ? Nous l'espérons. Assurément nous n'aurons pas la témérité de croire avoir dit le dernier mot de toutes les questions. Notre plan restreint nous interdisait d'ailleurs certains développements. Toutefois, quand nous nous sommes écarté des opinions habituelles, nous ne l'avons fait qu'avec réserve et après réflexion. Bien des problèmes se présentent encore à notre esprit. Nous aurions aimé à dérouler d'une main plus sûre l'historique de la construction, à dire l'origine de tous les vitraux. Malheureusement les documents font presque entièrement défaut. Ici comme en tant d'autres endroits, les noms des architectes et des différents artistes qui ont édifié et orné ce temple sont restés inconnus. Deux noms seulement ne sont point tombés dans l'oubli : *Roger le Mercier*, l'architecte qui éleva le grand portail et vraisemblablement les parties les plus notables de l'église, *J. Le Tourneur*, l'artiste qui a peint le tableau du maître-autel. Nous aimons à les saluer avant de finir.

E. C.

FIN.

TABLE DES MATIÈRES

PREMIÈRE PARTIE

	Pages.
Situation de la ville	5
Histoire générale	6
Anciens couvents	13
Commerce et industrie	15
Pont, château, écluse	16
Fortifications de la ville. Vieilles rues, prison. Halle, buste de Hyacinthe Langlois	18

DEUXIÈME PARTIE

I. — L'église. Plan, historique de la construction	24
II. — Description extérieure	27
III. — Description intérieure	30
IV. — Mobilier de l'église : buffet d'orgues, fonts baptismaux, chaire, stalles, autels, statues	35
V. — Vitraux	44
VI. — Pierres tombales, inscriptions, cloches	60
VII. — Sacristie	62

Typographie Firmin-Didot et Cⁱᵉ. — Mesnil (Eure)

www.ingramcontent.com/pod-product-compliance
Lightning Source LLC
LaVergne TN
LVHW020040090426
835510LV00039B/1319